König Ludwig

... und wie Sissi ihn sah

Christine Stecher

König Ludwig

... und wie Sissi ihn sah

Inhalt

Seelengeschwister –

*Sie waren zwei Königskinder
von außergewöhnlichem
Charme und Charisma. Ihre
Schönheit und Anmut bezauber-
ten das staunende Publikum,
als sie die höfische Bühne be-
traten. Beide scheuten jedoch bald
immer mehr vor der lauten
Menge zurück und zogen es
schließlich vor, ein einsames
Leben zu führen. Eigenwillig*

Ludwig und Sissi

weigerten sie sich, die ihnen
vom Protokoll zugedachte Rolle
auszufüllen. Doch je mehr sie sich
aus der Welt zurückzogen, um ru-
helos ihren Träumen zu folgen, desto mehr wuchs ihre märchenhafte
Anziehungskraft. Bis heute regen
ihr außergewöhnlicher Glanz, ihr
rätselhaftes Gemüt, ihr tragisches
Geschick die Fantasie der
Menschen an.

Zwei Königskinder

Ludwig und Sissi stammen beide aus dem bayerischen Herrschergeschlecht der Wittelsbacher. Ludwig gehört der königlichen Linie an. Sissi, die als Tochter des Herzogs Max in Bayern geboren wurde, entspringt dem herzoglichen Zweig. Sie nennen sich Cousin und Cousine, doch strenggenommen ist Sissi die Cousine von Ludwigs Vater Maximilian. Dessen Vater Ludwig I. (der Großvater Ludwigs II.) und Sissis Mutter Ludovika waren Geschwister.

Als Sissi im Jahr 1854 den österreichischen Kaiser Franz Joseph heiratet, ist sie sechzehn Jahre alt – ein argloses, schüchternes, naturverbundenes Mädchen vom Land, das nicht so recht zum steifen Zeremoniell am Wiener Hof und schon gar nicht zu ihrer dominanten Schwiegermama, der Erzherzogin Sophie, passen will. Auch Ludwig, der zum Zeitpunkt von Sissis Hochzeit acht Jahre alt ist, muss sich jung und schlecht vorbereitet einer besonderen Herausforderung stellen: Mit achtzehn folgt der schwärmerische, sensible Jüngling seinem plötzlich verstorbenen Vater Maximilian II. 1864 auf den bayerischen Thron.

Dem goldenen Käfig entfliehen

Sowohl die frischvermählte Kaiserin Sissi als auch der junge König Ludwig wollen anfangs ihr Bestes geben und sich einfügen. Doch die Zwänge und Pflichten, die mit ihrem jeweiligen Amt verbunden sind, drücken sie sehr schnell nieder und belasten ihr Gemüt. Und schon bald entwickeln sich diese beiden empfindsamen Majestäten ganz anders, als es ihre Umgebung erwartet und ihnen vorzuschreiben gedenkt. Die allerliebste junge österreichische Kaiserin und der angebetete, fesche bayerische König zeigen eine immer größere Menschenscheu, je mehr ihnen gehuldigt wird. Im Laufe der Zeit beginnen sie, sich dem Protokoll zu widersetzen und stattdessen nach eigenen Gesetzen und Idealen zu leben. Sie suchen die Abgeschiedenheit, fliehen Grobheit und Dummheit, um die Natur, die Kunst, die Literatur und Poesie ungestört, ja ganz privat zu genießen und sich im Erhabenen und Schönen zu versenken. Sie stoßen damit auf das Unverständnis ihrer Familie und des Hofes, der Minister und Berater, die einen so eigenwilligen Lebensstil nicht goutieren können. In den Augen ihrer Umgebung er-

lauben sie sich zu viel Egozentrik im Umgang mit anderen Menschen, eine zu starke Verfeinerung von Wahrnehmung und Gefühl, einen zu offen gezeigten Narzissmus.

Sissi und Ludwig begeben sich, jeweils ganz nach eigener Fasson, auf die Suche nach sich selbst, nach seelischer Erfüllung und der Verbindung mit einem höheren geistigen Lebenssinn – und ziehen sich von ihren verhassten Repräsentationsaufgaben zurück.

Ludwig braucht im wahrsten Sinne des Wortes Raum für sich. Er nimmt lieber ein einsames Leben ohne politisch korrekte Heirat und Familiengründung in Kauf, als der »schalen Welt« Konzessionen zu machen. Er sagt später von sich: »Ich bin einfach anders gestimmt als die Mehrheit meiner Mitmenschen.«

Jeder Zoll ein König

*Der junge, bezaubernde König
wirke wie ein Goldfasan im
Hühnerhof, erzählt man sich. Der
preußische Gesandte von Wer-
thern jedoch blickt tiefer. Er
berichtet an Bismarck, der im
übrigen Ludwig bis zum Ende
wohlgesinnt ist und dessen
Intelligenz wie politischen Sach-
verstand anerkennt: »Die Geistes-
richtung des Königs ist von der
aller übrigen Bayern verschieden.
Er hat in seinem Gefolge, in
seiner ganzen Umgebung nicht
eine Seele, die ihn versteht, ihm
auf dem Flug zu den Sternen
folgt und mit überlegtem
Geiste wieder zur Erde zurückführt.«*

Über den Tod hinaus

*A*m Münchner Hof ist Ludwig von Anfang an einsam. Doch es gibt für Ludwig eine, wenn auch meist räumlich ferne Seelenfreundin, die ihn mit der Zeit ganz versteht und mit ihm fühlt: Sissi, die schöne, unglückliche Kaiserin von Österreich. Sie ist die einzige, die sich in Ludwigs Gefühls- und Ideenwelt einzuschwingen vermag und seine Empfindlichkeiten wie auch Vorlieben teilt. Allerdings verspürt Sissi diese geistige Nähe nicht von Anfang an. Ludwig hingegen fühlt sich von Jugend auf zu Sissi hingezogen, auch ist er Gisela und vor allem Rudolf zugetan, zwei von Sissis vier Kindern.

Ludwig und Sissi sehen sich selten, obwohl Ludwig keine Gelegenheit auslässt, der liebsten Cousine einen Besuch abzustatten. Kommt es zu Begegnungen, meist anlässlich von Sissis Ferienaufenthalten am Starnberger See, gestalten sie sich für Sissi in den ersten Jahren ihrer Freundschaft bisweilen quälend schweigsam, bizarr und langatmig. Ludwigs Anhänglichkeit hat manchmal auch etwas Lästiges, und Sissi mokiert sich dann über ihn. So klingt es jedenfalls aus den Zeilen, die sie 1865 an ihren kleinen Sohn

schreibt: »Gestern hat mir der König eine lange Visite gemacht, und wäre nicht endlich die Großmama dazu gekommen, so wäre er noch da. Er ist ganz versöhnt, ich war sehr artig, er hat mir die Hand so viel geküßt, daß Tante Sofie, die durch die Tür schaute, mich nachher fragte, ob ich sie noch habe! Er war wieder in österreichischer Uniform und ganz mit Chypre parfümiert.«

Je mehr sich jedoch Sissi der Routine am Hof entfremdet, desto inniger fühlt sie mit ihrem menschenscheuen Cousin. Mehr und mehr wächst in ihr die Erkenntnis, wie ähnlich sie sich doch sind. Schließlich entdeckt Sissi ihre tiefe Verbundenheit mit dem ihr fortan so teuren Ludwig – eine Liebe, die wohlgemerkt auf beiden Seiten nie erotisch geprägt ist.

Als Ludwig 1886 stirbt, erleidet Sissi einen Schock. Ihren geliebten »Königsvetter« überlebt sie nur um zwölf Jahre. In dieser Zeit kommuniziert Sissi, die an spiritistischen Praktiken großes Interesse zeigt, mit Ludwigs Geist.

Zwischen Neigung und Pflicht

Zu Ludwigs Lebzeiten ist Sissi allerdings wohl zu keinem Zeitpunkt geeignet gewesen, in seine herrscherlichen Höhenflüge steuernd einzugreifen, denn sie selbst hat Hilfe gebraucht. Im Vergleich zu Ludwig erscheint Sissi als die »abgehobenere« von beiden, die von Fluchtpunkt zu Fluchtpunkt hetzt, ihr Gesicht immer mehr hinter Fächer und Schleier verbirgt und sich unter dem Vorwand von Krankheit fast allen Pflichten als Ehefrau, Mutter und Kaiserin entzieht. Eine für ihr Gefühl sinnvolle und befriedigende Beschäftigung findet sie auf Dauer nicht.

Sie reitet in scharfem Tempo über gefährliche Parcours, sie turnt verbissen und hält eisern kilometerlange Gewaltmärsche in schnellem Tempo durch. Hingebungsvoll pflegt sie ihre außergewöhnlich schlanke Figur und ihr langes, üppiges Haar. Sie dichtet und widmet sich der Lektüre. Sie lernt Griechisch und setzt sich für die Belange der Ungarn ein, deren Sprache sie bald perfekt beherrscht. Mit dem tief verehrten Heinrich Heine fühlt sie sich mystisch verbunden. Sie sammelt Fotos von schönen Frauen. Sie

unternimmt ausgedehnte Reisen und lässt sich eine Villa auf Korfu bauen. Sissi ist eine außergewöhnliche Persönlichkeit und ihrer Zeit in manchem voraus. Doch keine dieser zum Teil bemerkenswerten Aktivitäten kann der nervösen, unberechenbaren, kühlen Frau wirklich tiefes inneres Glück schenken.

Ludwig hingegen erfüllt trotz seines ungewöhnlichen Lebensstils und seines seelischen Leids bis zu seinem Tod die elementaren Pflichten eines bayerischen Königs; schließlich erfordert jede kleinste staatliche Maßnahme seine Unterschrift. Für Befremden sorgt allerdings, dass sich der König seit den siebziger Jahren so gut wie gar nicht mehr in der Öffentlichkeit zeigt, ja sogar das Zusammentreffen mit Verwandten meidet und dem Repräsentieren überhaupt nichts mehr abgewinnen kann. Es ist höchst unbequem, dass die Minister und Sekretäre ins Gebirge reisen müssen, um dem König, der gerade auf einer seiner Berghütten weilt, die Dokumentenmappen vorzulegen und Staatsgeschäfte vorzutragen. Dies geschieht zuweilen auch mitten in der Nacht, denn bald pflegt Ludwig gegen Abend aufzustehen und sich bei Sonnenaufgang zu Bett zu begeben. Doch trotz Ludwigs häufi-

ger und langer Abwesenheit von der Residenzstadt München bleiben die Akten niemals liegen.
Auch ist der König stets wohl informiert über
die politischen Entwicklungen im In- und Ausland, über Neuigkeiten in Wissenschaft und Kultur, denn er verfolgt die Meldungen mehrerer
Zeitungen und hält sich über die literarischen
und philosophischen Neuerscheinungen auf dem
Laufenden.

Ludwig findet sogar in gewisser Weise seine Erfüllung – zwar nicht im Regieren und nicht in
einer Liebesbeziehung, aber doch im wahrhaft
königlichen Bauen. Seine unbezähmbare Baulust,
die er aus seinem eigenen Etat und nicht aus der
Staatskasse finanziert, ruiniert ihn zwar schließlich, aber Ludwig fühlt, dass er sterben wird,
wenn er nicht mehr bauen kann. Das Bauen ist
sein Lebenselixier.

Die Planung und Ausführung der Bauprojekte
wird von Ludwig streng überwacht. Er selbst lie-
fert exakte Vorgaben, kontrolliert Pläne und
Ausführung, korrigiert seine Architekten, Zeich-
ner, Maler und Kunsthandwerker, so dass alles
bis ins Detail seinen ästhetischen Vorstellungen
und der von ihm akribisch recherchierten histo-
rischen Formensprache entspricht. In kurzer Zeit

werden so mehrere umfassende Schlossprojekte gleichzeitig realisiert. Ludwig führt demnach – bei all seinen zunehmend absonderlich werdenden Angewohnheiten – ein sehr reges, geistig anspruchsvolles und vor allem schöpferisches Leben. Um all die verschiedenen Pflichten, Aufgaben und Projekte persönlich zu koordinieren, bedarf es eines hohen Maßes an Ordnung und Planung, Disziplin und Konzentration, Kenntnis und Fleiß. Der zuletzt scheinbar »verrückt« gewordene König, der keinen Blick mehr für die Kosten seiner Bauleidenschaft hat und sich als unfähig erweist, in persönlichen Beziehungen echte Intimität herzustellen, ist somit im intellektuellen Bereich alles andere als ziellos, untätig oder verwirrt.

Nach wie vor ranken sich Mythen sowohl um die unangepasste, rebellische, oft sogar rücksichtslose Schönheit Sissi und den schillernden, unnahbaren König Ludwig mit seinen Märchenschlössern. Mit ihren königlichen Hobbys und Fantasien, denen beide aufgrund ihres hohen Ranges und materiellen Vermögens auf spektakuläre Weise Ausdruck verleihen können, und ihrem zuweilen zur Schau getragenen Hochmut, hinter dem sie ihre große Verletzlichkeit verber-

gen, ragen sie unter ihren Zeitgenossen hervor. Sissis Eleganz scheint bis heute unvergänglich. Ungelöst bleibt wohl das Rätsel um das komplizierte Seelenleben von Ludwig und seinen gewaltsamen Tod. Doch in seinen Schlössern, die ursprünglich den Augen der Menschen verborgen bleiben sollten, können wir heute etwas von dem Geist erahnen, der König Ludwig beflügelte und ihn inspirierte. In den Schlössern erscheint diese große Seele, der Märchenkönig, zum Anfassen nah.

Ein Prinz voller Anmut und Poesie

Schloss Nymphenburg und

Schloss Hohenschwangau

»*Das Gefühl der aufrichtigen Liebe
und Verehrung und der treuesten
Anhänglichkeit, das ich schon, als
ich noch im Knabenalter stand,
für Dich im Herzen trug, es
macht mich den Himmel auf
Erden wähnen und wird nur mit
dem Tod erlöschen.*«

(Ludwig II. an Sissi, 1867)

önigskinder haben es zuweilen nicht leicht. Sie werden strenger behandelt, genauer beobachtet, zum Verzicht angehalten und früh in die Pflicht genommen, um sie auf ihre Aufgaben vorzubereiten. Ludwig leidet darunter in seiner Kindheit. In seiner Familie fühlt er sich fremd und unverstanden. Er glaubt, »in das falsche Jahrhundert hineingeschneit« zu sein. Doch auch eine relativ freie, unbeschwerte Kindheit, wie Sissi sie genießen kann, schützt nicht automatisch vor späterem Unglücklichsein und schicksalhaften Verwicklungen.

Eine Persönlichkeit mit vielen Namen

Ludwig ist der ersehnte Nachwuchs von Kronprinz Maximilian und seiner Gemahlin Marie, einer preußischen Prinzessin. Er kommt am 25. August 1845 in Nymphenburg zur Welt. Das aus dem 17. Jahrhundert stammende Schloss, das damals noch vor den Toren der Stadt liegt, ist die Sommerresidenz der bayerischen Herrscher.

Ludwig erhält zunächst den Namen Otto nach dem Ahnherrn der Wittelsbacher und seinem Onkel, dem König von Griechenland. Doch dann setzt sich der Großvater, der bayerische König Ludwig I., mit seinem Wunsch durch, das Kind Ludwig zu nennen: Der Kleine habe schließlich am selben Tag wie er Geburtstag. Außerdem sei der 25. August auch Ludwigs Namenstag. Taufpate wird nun Ludwig I., was für seinen Enkel von besonderer Bedeutung sein wird, denn durch diesen Akt fühlt er sich mit dem französischen Sonnenkönig Ludwig XIV. verbunden, der – vertreten durch Ludwig XV. – einst Taufpate des Großvaters war. Der Namenstag verbindet ihn außerdem mit dem heiliggesprochenen französischen König Ludwig IX., der im Mittelalter

lebte. Für Ludwig II., der sich später zum glühenden Verehrer des Sonnenkönigs und Spezialisten für die Geschichte Frankreichs im 17. und 18. Jahrhundert entwickelt, sind diese Bezüge von großer symbolischer Kraft und magischer Bedeutung.

Die anfängliche Verwirrung um den passenden Namen und damit die wahre Identität erscheint wie ein erstes Vorzeichen für das spätere Spiel Ludwigs mit den verschiedenen Facetten seiner Persönlichkeit. So schlüpft er in die verschiedensten Rollen: Mal ist er Lohengrin, der edle Schwanenritter, dann Parsifal, der den Gral erringt. Oder er unterzeichnet Briefe an die Schauspielerin Lila von Bulyowsky, die von ihm in der Rolle der Maria Stuart hoch verehrt wird, mit Mortimer, einer anderen Gestalt aus Schillers Drama. Doch meist ist er Louis, Herrscher von Gottes Gnaden, der im prachtvollen Schlitten und im Rokokokostüm durch die Nacht gleitet und sich wie der König der Welt fühlt.

Ungeborgenheit und frühes Leid

Ludwig beklagt sich stets über seine karge, leidvolle Kindheit. Es fehlt ihm an Verständnis und Wärme. Seine Familie erscheint ihm grob und fremd. Der Vater ist ein gehemmter, kränkelnder Mann, der es sich nicht erlaubt, seine Empfindsamkeit, die wiederum von seinem Vater missachtet wurde, zu zeigen. Vor allem zu ihm findet Ludwig keine innere Verbindung. Auch die Mutter kann ihm nicht die ersehnte Geborgenheit und geistige Anregung bieten. Sie ist von ganz anderem Schlag und mit alltäglicheren Interessen beschäftigt als ihr gemütvoller Sohn. Dennoch hängt Königin Marie an ihren Söhnen, denen sie ihr Leben lang auf ihre Weise helfen will und die sie zu begreifen versucht – ihren exzentrischen, weltabgewandten Ludwig mit seinen ungewöhnlichen Bauprojekten und Otto, ihren Jüngsten, der in den siebziger Jahren geisteskrank wird und vor dessen Krankenzimmer in Schloss Fürstenried sie stundenlang geduldig wartet, um einen Moment der Klarheit abzupassen.

Ludwig fühlt sich oft gekränkt und zurückgewiesen. Seine Jugendjahre unterscheiden sich je-

doch nicht sonderlich von der Prinzenerziehung in anderen Königshäusern, wie sie teilweise noch in unserer Zeit gang und gäbe ist. Das Trauma der fehlenden Geborgenheit mag durch den Tod seiner Amme ausgelöst worden sein. Der damals acht Monate alte Ludwig wird nach dem abrupten Abstillen schwer krank, seine Mutter befindet sich zu diesem Zeitpunkt auf Reisen und kann ihn nicht trösten. Sicher ist dieser frühe Verlust prägend, doch schon die Sternenkonstellation, unter der Ludwig geboren wird, weist auf einen spezifischen Kummer hin, der Ludwigs Leben durchzieht. Ein Blick in sein Horoskop zeigt, dass er sich von Geburt an einsam, verloren und nicht zugehörig fühlen wird. Bei dieser Disposition erscheint – auch nach den Erkenntnissen der modernen Psychologie – die Flucht in Träume und Fantasiewelten als einziger Ausweg, um Körper und Seele zu retten und um in der harten Realität zu überleben.

»Gleichwohl: jede Berührung
mit der Welt verletzt mich …
Beleidigungen verletzen mich
so tief, daß sie mich entwaffnen,
sie drücken mich zu Boden,
und sicherlich werden sie mich
eines Tages vernichten … Mein
Inneres ist sensibel wie eine
photographische Platte: jeder
leiseste Eindruck ist unver-
wischbar eingeprägt …«

(Ludwig II., 1882)

Die Sehnsucht nach Gefährten

V ordergründig betrachtet ist Ludwig in seiner Kindheit nicht allein. Da gibt es den Bruder Otto, der immer an seiner Seite ist. Die freundliche Sybilla Meilhaus, mit der er auch als Erwachsener in Verbindung bleibt, betreut ihn bis zu seinem achten Lebensjahr als Kinderfrau und Erzieherin. Kinder aus anderen Adelsfamilien werden zum Spielen eingeladen. Vor allem die Possenhofener Cousins und Cousinen sind in Ferienzeiten Ludwigs Gefährten am Starnberger See. Trotzdem ist das Bild, das Ludwig rückblickend von seiner Kindheit zeichnet, düster und beklemmend. Er glaubt, dass es Sissis Sohn Rudolf besser gehabt habe. Anscheinend weiß er nicht, was der kleine Rudolf unter dem sadistischen Regime seines Erziehers erdulden musste, bis seine Mutter Sissi endlich einschritt. Ludwigs Erzieher, Graf La Rosée, dagegen ist zwar kein besonders inspirierter Pädagoge, aber er quält den Jungen niemals mit drakonischen Strafen oder Abhärtungsmaßnahmen.

Ludwig sehnt sich offenbar bereits als Kind nach liebevollem, innigem Austausch und geistigem Einklang mit einer verwandten Seele. Durch den

Altersunterschied von acht Jahren kommt die junge Sissi als Herzensfreundin vorerst nicht in Frage. Schon bald ist sie im fernen Wien verheiratet. Erst als Ludwig König wird, kommen sich Cousin und Cousine wieder nahe.

Erinnerungen an Ludwig:
Schloss Nymphenburg

Schloss: Geburtszimmer, Fotografien von Ludwig und seiner Familie im Saal der Schönheitengalerie.
Park: Die Amalienburg diente als ein Vorbild für Ludwigs Architekturschöpfungen.
Marstallmuseum: Karossen, Prunkschlitten für Ludwigs nächtliche Ausfahrten sowie seine eigene Schönheitengalerie – eine Sammlung von Pferdeporträts.

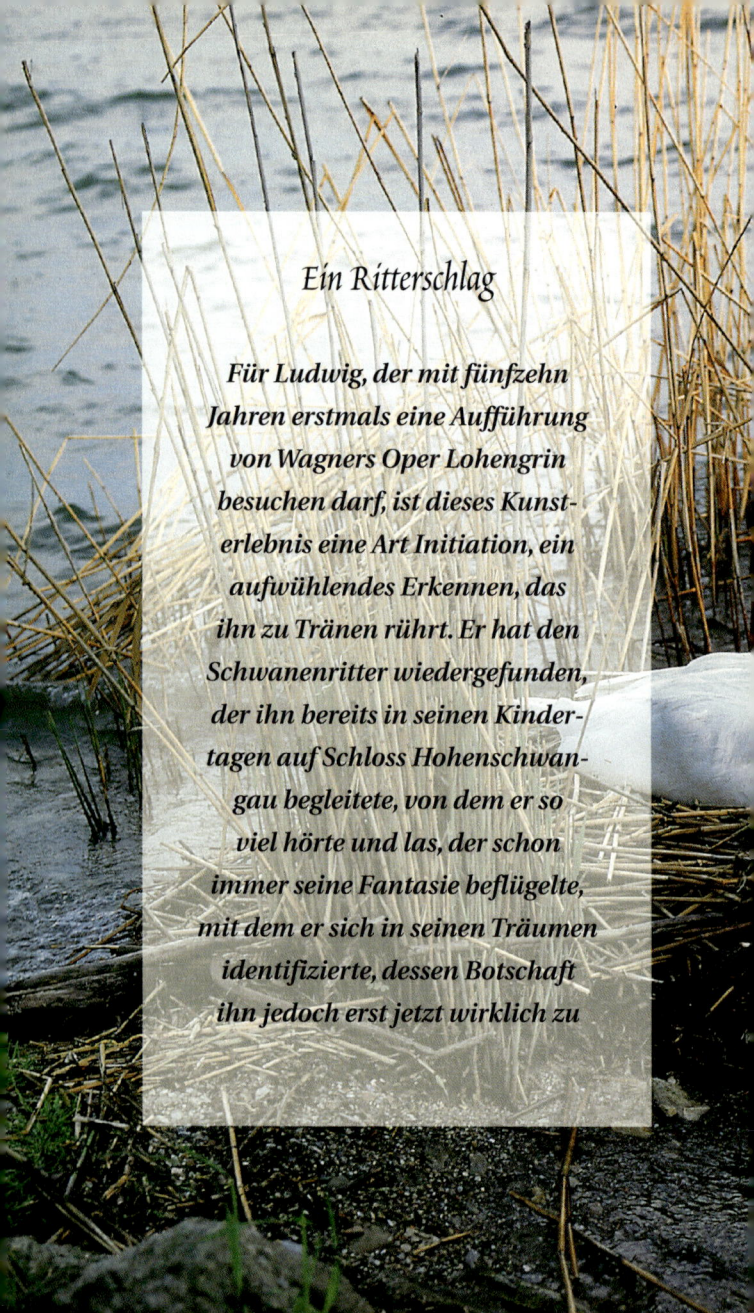

Ein Ritterschlag

Für Ludwig, der mit fünfzehn Jahren erstmals eine Aufführung von Wagners Oper Lohengrin besuchen darf, ist dieses Kunst-erlebnis eine Art Initiation, ein aufwühlendes Erkennen, das ihn zu Tränen rührt. Er hat den Schwanenritter wiedergefunden, der ihn bereits in seinen Kinder-tagen auf Schloss Hohenschwan-gau begleitete, von dem er so viel hörte und las, der schon immer seine Fantasie beflügelte, mit dem er sich in seinen Träumen identifizierte, dessen Botschaft ihn jedoch erst jetzt wirklich zu

erfüllen scheint: Der Schwanen-
ritter ist der von Gott Gesandte.
Ludwig wird von nun an die
Jahrestage seiner ersten Opern-
besuche wie Feiertage begehen. Sie
sind ihm heilig, denn sie sind Teil
seiner unermüdlichen, zuweilen
verzweifelten Suche nach dem
Gral, nach Erlösung und Selbst-
erkenntnis, nach dem Wieder-
verschmelzen mit einer
höheren Macht.

Natur und Romantik

W as hätte Sissi und Ludwig in Jugendjahren verbunden? An erster Stelle sicher die Liebe zur Natur, vor allem zu den Bergen und zu edlen Pferden, sowie die Liebe zur Poesie. Vielleicht hätte Ludwig mit der feinnervigen Sissi auch über seine Stimm- und Geruchshalluzinationen sprechen können, die ihn in der Pubertät verunsichern und unverstandene Zeichen seiner Sensitivität sind. Seine Familie sieht solche »Überspanntheiten« mit Sorge und kann darauf nicht helfend eingehen.

Doch ganz wichtige geistige Anregungen bekommt Ludwig – indirekt – auch durch seinen sich so spröde und abweisend gebenden Vater. Maximilian, der heimliche Romantiker und Gelehrte, hat für viel Geld die Ruine Hohenschwangau erworben und baut sie von 1833 bis 1855 zu einem behaglichen Landschloss aus. Bis zu seinem zehnten Lebensjahr erlebt Ludwig in den Sommerferien, wie das Gebäude Gestalt annimmt. Jeder Raum erhält eine fantasievolle Ausmalung und gleicht einem Bilderbuch mittelalterlicher Sagen. Ludwig hütet das Album mit den Entwurfszeichnungen des Malers Moritz

von Schwind, das man ihm schenkt, wie einen Schatz. Ein wichtiges Thema der Wandgemälde ist die Sage vom Schwanenritter, der auszieht, um edlen Damen, die in Bedrängnis geraten sind, zu dienen und sie zu verteidigen. Der Schwan, ein altes Symbol für Reinheit, Läuterung und Wandlung und das Lieblingstier Maximilians, wird auch Ludwigs Lieblingsmotiv. Der Legende zufolge ist der Schwan zudem ein Bote aus jenseitigen Gefilden. Für Ludwig knüpft er eine Verbindung zur Sagenwelt, die ihm nur als eine andere Ebene der Realität erscheint. Der Schwan zieht die Barke, die den Helden zwischen den Welten reisen lässt und ihn auch in das mystische Reich des Grals bringen kann. In Sissis Gedichten verkörpert Ludwig später den einsamen, einzigartigen Königsschwan, der verfolgt und bedroht wird.

Schloss Hohenschwangau wie auch Schloss Berg sind später die Lieblingsrefugien von König Ludwig. An diesen beiden vom Vater im romantischen Stil ausgestalteten Schlössern nimmt Ludwig keine großen Veränderungen vor. Beide damals noch recht abgeschieden gelegenen Schlösser bewohnt er sehr häufig. Dem Großvater Ludwigs, dessen Geschmack ganz vom Klassizismus ge-

prägt ist und dessen Bauleidenschaft sogar noch die seines Enkels übertrifft, ohne dass ihn das den Thron kosten würde – er stolpert vielmehr 1848 über die Affäre mit der Tänzerin Lola Montez –, erscheint Hohenschwangau wie ein »wahres Feenschloss«.

Erinnerungen an Ludwig:
Schloss Hohenschwangau

Die Besichtigung ist nur im Rahmen einer Führung möglich. Besonders zu beachten sind der Schwanenrittersaal im ersten Obergeschoss und Ludwigs Wohnung im zweiten Obergeschoss.

Ludwig und die Kunst
Die Münchner

Residenz

1864 besteigt Ludwig den bayerischen Thron. Man bewundert hingerissen seine elegante Haltung und sein unschuldiges, liebenswürdiges Wesen. Sein Anblick berührt und fasziniert die Menschen. Als er sich bei einem Besuch in Bad Kissingen an der Seite von Sissi zeigt, erregt das glamouröse Paar schwärmerische Zuneigung. Von beiden geht eine unerhört romantische, überirdische Ausstrahlung aus.

Glühende Begeisterung

Wenn das nicht der Stoff ist, aus dem Märchen gemacht sind! Ein junger, schöner, umjubelter König besteigt den Thron, und einer seiner ersten Befehle besteht darin, jenen Künstler zu finden und an seinen Hof einzuladen, dessen Werk er seit seiner Knabenzeit verehrt: den verschuldeten, missverstanden, genialen Richard Wagner. Er schickt seinen Kabinettssekretär aus, um Wagner feierlich einen Rubinring zu überreichen und ihn dann nach München zu geleiten. Ludwig ist fest entschlossen, den verehrten Meister bei der Vollendung seines Lebenswerkes in königlicher Weise zu unterstützen. Für Wagner wird ein Traum Wirklichkeit.

»Und dieses Leben, sein letztes Dichten und Tönen gehört nun Ihnen, mein gnadenreicher junger König: verfügen Sie darüber als über Ihr Eigenthum!« lässt Wagner den jungen König wissen, der selig die Mäzenatenrolle übernimmt. Ludwig antwortet huldvoll und mit großem Ernst: »Die niedern Sorgen des Alltagslebens will ich von Ihrem Haupte auf immer verscheuchen …« Ludwig hält, auch in schwierigen Zeiten, stets Wort. Es ist der recht überschwänglich anmu-

tende Beginn einer zwar nicht konfliktfreien, sich
später auch stark abkühlenden, aber doch lebens-
langen Freundschaft zwischen den an Erfahrung,
Reife und Wesensart so unterschiedlichen Persönlichkeiten. Ludwigs finanzieller Unterstützung
ist es zu verdanken, dass das große Werk *Der
Ring des Nibelungen* entsteht und das Festspielhaus in Bayreuth fertiggebaut wird.

Als der von königlicher Huld verwöhnte Richard
Wagner, kaum dass er in München Fuß gefasst
hat, auch politisch Einfluss nehmen will, sieht
sich Ludwig 1865 angesichts des Drucks, der vom
Kabinett und der öffentlichen Meinung ausgeht,
gezwungen, das unbequem gewordene Genie aus
der Stadt zu weisen. Während der für Ludwig
aufwühlenden Affäre um Wagner hält Sissi fest
zu ihrem Cousin. Sie versteht Ludwig, der nach
dem Tod Wagners von sich behaupten kann:
»Den Künstler, um welchen jetzt die ganze Welt
trauert, habe ich zuerst erkannt und der Welt ge-
rettet.«

Ein Leben für die Kunst

V on Jugend an ist Ludwig von einem unge-
heuren Lesehunger getrieben. Schiller,
Goethe und Shakespeare sind seine Favoriten. Als König lässt er sich zu verschiedensten
Wissensgebieten Literatur aus der Staatsbiblio-
thek in München kommen, um für seine Bauprojekte historische Details zu recherchieren.
Lange Passagen aus den Klassikern kann er frei
rezitieren. Mit Vorliebe streut er Zitate aus
Schillers Dramen in seine Briefe ein. Er lernt die
Textbücher zu den Opern von Richard Wagner
auswendig. Wie kein anderer schlägt Wagner für
den fantasiebegabten Ludwig die poetische
Brücke zu den Sphären ritterlicher Ideale und
reiner Liebe. Die Musikdramen Wagners beglei-
ten Ludwig bei seinen Befreiungsversuchen aus
den Fesseln einer für ihn allzu nüchternen Welt.
Neben der Oper übt das Schauspiel große Anziehungskraft auf Ludwig aus. Bald gibt es Lieb-
lingsstücke, die zu bestimmten Gedenktagen
aufgeführt werden. Ludwig saugt Dialoge und
Szenenbilder förmlich in sich auf. Zweimal reist
er sogar in die Schweiz, um auf den Spuren von
Wilhelm Tell zu wandeln: 1865 und dann noch

einmal 1881 in Begleitung des von ihm schwärmerisch verehrten Schauspielers Josef Kainz, der Passagen aus Schillers Drama vorzutragen hat.

Für Ludwig sind die Besuche im Hoftheater niemals gesellschaftliche Programmpunkte, sondern erregender Kunstgenuss pur, der ihn in andere Seins- und Gefühlsbereiche katapultiert. Publikum ist dabei nur störend. Nachdem es Ludwig nicht gelingt, sich durch seidene Vorhänge an der Königsloge gegen die zudringlichen Blicke abzuschirmen, zieht er es schließlich vor, Separatvorstellungen anzusetzen. Nur Menschen, die ihm sehr nahe stehen, werden von Ludwig zuweilen eingeladen, diese nächtlichen Aufführungen, bei denen sonst keine anderen Zuschauer zugelassen sind, zu besuchen.

Eine große Freude bereiten Ludwig Stücke, die in der Zeit des Sonnenkönigs spielen. Er selbst gibt entsprechende Theaterstücke in Auftrag und erteilt genaueste Anweisungen zu Handlung und Bühnenbild.

Neben dieser Liebe zu Oper und Theater macht sich bald Ludwigs Bauleidenschaft bemerkbar. Sie entwickelt sich seit Beginn der Ausgestaltung seiner Wohnräume in der Residenz sogar in rasantem Tempo.

Die Baumaßnahmen in der Residenz werden von der Errichtung eines riesigen Wintergartens auf dem Dach gekrönt. Mit Hilfe solcher kühnen architektonischen Schöpfungen will Ludwig seine Fantasievorstellungen emotional und sinnlich erlebbar machen und sich eine Art Gegenwelt erschaffen.

Bei den Arbeiten in der Residenz zeichnet sich bereits die ganze Palette von Ludwigs Lieblingsthemen ab:

- Die Welt des Sonnenkönigs, die Pracht und Macht des absoluten Herrschers und seines Hofstaates in Versailles, das zeremonielle höfische Leben im Ancien Régime, dem Zeitalter der Bourbonen vor der Revolution von 1789, ausgedrückt im Stil des Rokoko.
- Die romantisch verklärte Welt des Mittelalters mit ihren Minnesängern, Gralsrittern und tugendhaften Damen, die hehren Gestalten aus der germanischen Sage, die dramatische Szenerie der Wagner-Opern, ausgedrückt im Stil des Historismus.
- Die schillernde Welt des Orients in Form von byzantinischer Palastarchitektur und türkischen Salons.

Der Wintergarten ist für Ludwig ein äußerst prachtvolles, bunt illuminiertes Reich der Entspannung und Erbauung, unter anderem ausstaffiert mit einer gemalten Himalajakulisse, exotischem Zelt, tropischen Pflanzen, Grotte und einem Teich, auf dem Schwäne ihre Bahnen ziehen. Nur wenigen gewährt Ludwig Einlass in sein Paradies. Sissi und ihr Sohn Rudolf gehören zu den Auserwählten – ebenso Ludwigs Lieblingspferd, das über eine Hebevorrichtung auf das Dach der Residenz geschafft werden konnte. Der spektakuläre Wintergarten wurde nach Ludwigs Tod abgebrochen, da er die Statik des Gebäudekomplexes bedrohte und der künstliche See leckte. Ludwigs Wohnräume wurden im Zweiten Weltkrieg zerstört. Reste der Ausstattung sowie historisches Aufnahmen sind im König-Ludwig-Museum auf Herrenchiemsee ausgestellt (siehe Seite 95).

Erinnerungen an Ludwig:
die Münchner Residenz

Zur Besichtigung der Residenz
gibt es vormittags und nachmittags unterschiedliche Wege. Der
Nachmittagsrundgang führt auch
durch den von Ludwigs Großvater gestalteten »Königsbau« mit
den später von Ludwigs Eltern bewohnten Gemächern. Ludwig verzichtete darauf, sich hier nach seiner Thronbesteigung einzurichten.
Er zog es vor, sich seine am anderen Ende gelegenen kronprinzlichen Gemächer nach eigenem Geschmack auszugestalten. Leider ist
davon nichts erhalten geblieben.

»Mein Atem ist die Freiheit«
Das Königshaus

am Schachen

»Und am fernsten Seesrande
Deine Berge, Deine Wonne
Wie sie rosenrot erglänzten
In der gold'nen Abendsonne!«

(Sissi in ihrem
»poetischen Tagebuch«)

ie Liebe zur Natur verbindet Sissi und Ludwig. Das Leben in der Stadt scheint ihnen die Luft abzuschnüren. Bäder im See, Ausritte durch Wiesen und Wälder, stille Mondnächte sind Balsam für die Seele. Der Mond hat für die beiden zur Schwermut neigenden Hoheiten magischen Reiz. Den Neumond nimmt Sissi zum Anlass, um für die Erfüllung von Wünschen zu bitten. Ludwig ergötzt sich am Schein des Vollmondes. Das Mondlicht macht so tiefen Eindruck auf ihn, dass er manchmal in seinem Tagebuch oder in Briefen darauf eingeht, wie der Mond bei einem seiner nächtlichen Ausflüge am Himmel stand.

Stadtflucht

*S*ofort nach der Thronbesteigung kümmert sich Ludwig um die verschiedenen Jagdhäuser, die sich der Vater im Gebirge errichten ließ. Doch Ludwig hat nicht vor, auf die Pirsch zu gehen. Er verabscheut das Jagen, ja es darf in Hörweite der Berghütte noch nicht einmal ein Schuss fallen, wenn der König auf dem Hochkopf, Pürschling, Herzogstand, Brunnenkopf oder Grammersberg weilt.

Ludwig zieht es ganz einfach fort aus München, wo man es ihm versagt, Richard Wagner nahe bei sich zu haben und ihm ein Festspielhaus am Hochufer der Isar erbauen zu lassen, wo man ihn mit aufdringlichen Ovationen, anstrengenden Hoftafeln und oberflächlichem Geschwätz langweilt, wo er aufgrund von Verfassung und Bürokratie nicht unumschränkt herrschen darf. Die Hütten werden bald nicht nur für einzelne Ausflüge in die geliebten Berge genutzt. Für Ludwig sind sie schließlich feste Stationen im recht penibel eingehaltenen Rhythmus des permanenten Ortswechsels. Zu bestimmten Tagen oder Wochen im Jahr sucht Ludwig diese einfachen, ganz einsam gelegenen Unterkünfte auf.

Auch die Besuche der vom Vater geerbten Schlösser Berg und Hohenschwangau sowie seiner eigenen neuen Architekturschöpfungen folgen einem durchdachten Plan.

In den väterlichen Berghütten, die er regelmäßig besucht, gibt es keinen besonderen Komfort. Einzig auf gutes Essen legt der König wert. Anders als Sissi, die sich fortwährend extremen Fastenkuren unterwirft, so dass sie sogar an Hungerödemen leidet, setzt Ludwig mit den Jahren immer mehr Gewicht an. Die opulenten Menüs, die ihm selbst auf der abgelegensten Berghütte von seinem Küchenchef serviert werden, sowie der reichliche Alkoholgenuss – der süße Cognac mousseux, die Veilchenbowlen, der Arrak – hinterlassen Spuren. Irgendwann wird der korpulente Ludwig für seine edlen Pferde zu schwer. Er kann nicht mehr reiten und steigt auf einen eigens für ihn konstruierten Bergwagen um, der ihn auf ausgebauten Reitwegen ins Gebirge bringt.

»Auch für zahllose andere Menschen, als ich einer bin, wird eine
Zeit kommen, in der sie sich nach
einem Lande sehnen und zu
einem Fleck Erde flüchten, wo die
moderne Kultur, Technik, Habgier
und Hetze noch eine friedliche
Stätte weit vom Lärm, Gewühl,
Rauch und Staub der Städte
übriggelassen hat.«

(Ludwig zu dem Eisenbahnplaner
Anton Memminger, 1878)

Tausendundeine Nacht
zwischen Alpenrosen

*D*as Königshaus am Schachen ist die einzige von Ludwig selbst neu errichtete Bergresidenz und sein erstes größeres Bauprojekt, das außerhalb Münchens fertiggestellt wird. Er gibt das Haus auf der Schachenalpe über Partenkirchen im Oktober 1869 in Auftrag, ein Jahr später ist es bezugsbereit. Doch der König verlangt Umbauten, denn das »türkische Zimmer« im Obergeschoss entspricht nicht seinen Vorstellungen. Diese hat er sich unter anderem anhand von Stichen in einem Architekturband über Konstantinopel gebildet. Die Korrekturen sind 1872 abgeschlossen, und der König verfügt nun über eine Art hölzernes Schweizerhaus mit fünf relativ schlichten, im ländlichen Stil eingerichteten Räumen im Erdgeschoss und einem darüber liegenden großen, kostbar ausgestatteten orientalischen Salon. Ludwig wird nun regelmäßig im Spätsommer und Herbst für einige Tage hier einkehren, das großartige Panorama genießen, in seinem fantastischen Salon am Mokka nippen, an der Wasserpfeife ziehen, sich in seine gelieb-

ten Bücher vertiefen und den Blick über seine Dienerschaft schweifen lassen, die manchmal in türkischen Gewändern auf den seidenen Polstern rings um den bunt erleuchteten Springbrunnen lagert. Ob es hier oder an anderem Ort auch dazu kommt, dass wohlgestaltete junge Männer Tänze aufführen, »bei welchen gar kein Kostüm sogar dem maurischen vorgezogen wurde«, lässt sich allerdings nicht eindeutig belegen.

Auf alle Fälle ist es kein Wunder, dass Ludwig immer widerwilliger die Freiheit der Bergwelt verlässt und zu einer notwendigen Stippvisite in die Residenzstadt München zurückkehrt. So schreibt er im Juni 1871 von der rustikalen Brunnkopfhütte an Richard Wagner: »... bald wird kommen der Tag, der mich in meine Hauptstadt zurückführt, und somit werde ich wieder, wenn auch [nur] auf kurze Zeit, entgeistert werden; dies ist stets der Fall, wenn ich in das bunte Tagesgewühl und Gejubel der Menge hinein muß, was mir ein Greuel ist und mich ganz krank und wahrhaft unglücklich macht.«

Erinnerungen an Ludwig:
das Königshaus am Schachen

Besichtigungen sind von Juni bis
Oktober möglich. Das Haus
ist nur nach mehrstündiger
Fußwanderung zu erreichen.
Der lange Aufstieg (Gehzeit hin
und zurück ab Elmau etwa
6 Stunden) lohnt sich. Nach der
Besichtigung der Gemächer im
Erdgeschoss steigt der Besucher
eine sehr enge, schmucklose Wen-
deltreppe nach oben. Dann der
faszinierende Blick auf den
prachtvollen, von bunten Glas-
fenstern in ein märchenhaftes
Licht getauchten türkischen Saal.

Wahres Königtum

Schloss Linderhof

»*Ich merkte bald, daß Geselligkeit Erniedrigung bedeutet und
daß nur eine freiwillige
Isolierung ein bescheidenes Maß
von Zufriedenheit gewährt.*«

(Ludwig, 1882)

*F*ür ihre Untertanen sind Ludwig und Sissi der Inbegriff des Majestätischen, doch das Volk bekommt den König und die Kaiserin immer seltener zu Gesicht. Ludwig scheut vor öffentlichen Auftritten zurück. Vor einer Hoftafel muss er sich Mut antrinken, denn er fühlt sich wie auf dem »Gang zum Schafott«. Sissi beklagt sich bitter, wenn sie »ins Geschirr« gezwungen wird, um bei offiziellen Anlässen zu repräsentieren. Sissi richtet sich auf Korfu ein Refugium ein und bezieht die Hermesvilla bei Wien, um abseits des Hofes ihren Liebhabereien nachzugehen. Ludwig baut sich fern der Münchner Residenz prachtvolle Kulissen für seine inneren Reisen.

Herrscherliche Ideale

*D*as abgeschiedene Graswangtal bei Ettal kennt Ludwig, seit er fünfzehn ist. Es scheint eine besondere Faszination auf ihn auszuüben, denn viele seiner architektonischen Fantasien nehmen dort neben Schloss Linderhof als kleinere Parkbauten Gestalt an oder sollen dort noch verwirklicht werden.

Im Tal, wo sich ein Jagdhaus seines Vaters und

»Die Leute wissen nicht, was sie mit mir angeben sollen. Ich passe nicht in ihre einmal bestehenden Begriffe hinein; und es paßt ihnen nicht, daß man die Ordnung in ihren Schubkästen stört. Darum gehöre ich voll und ganz mir selbst an … Es ist meine lange Einsamkeit, die mich gelehrt hat, daß man das Dasein am schwersten empfindet, wenn man in Gesellschaft von Menschen ist."

(Sissi, 1891)

die alte Linde des früheren Zehenthofes befin-
den, plant Ludwig ab 1868 einen Rückzugsort
für seine Träume vom wahren Königtum: von
der absolutistischen Herrschaft eines Sonnenkönigs. Ludwig versteht sich – recht anachronis-
tisch – als ein Herrscher von Gottes Gnaden. Da
sein übersteigertes königliches Selbstgefühl in
der bestehenden konstitutionellen Monarchie
schnell seine Grenzen findet, muss gerade Ludwig mit seinem Hang zum Narzissmus es als
persönliche Kränkung auffassen, wenn er bei-
spielsweise wider Willen dem Krieg von 1866
zuzustimmen hat oder wenn die Verwirklichung
bestimmter Vorstellungen zur Förderung Richard
Wagners am Einspruch der Bürokraten scheitert.
Nachdem Ludwig kein allmächtiger Sonnenkönig sein darf und zunehmend menschenscheu
wird, sich also aufgrund seiner Empfindsamkeit
auch außerstande sieht, glänzender Mittelpunkt
eines lebhaften Hofstaates zu sein, findet er im
Bauen ein Vehikel für fantasievolle, schwärmerische Reisen in die Vergangenheit. Diese »Zeit-
reisen« unternimmt er allerdings vorwiegend
allein – zum einen, weil es ihm so gefällt und
er sich so stärker auf das Visualisieren von
Wunschszenarien konzentrieren kann, und zum

anderen, weil die immer wieder einmal überschwänglich auserkorenen und angeschwärmten Begleiter sich in der Regel schnell als fehlbare, echte Gefühle und Anteilnahme fordernde Menschen aus Fleisch und Blut erweisen, die den ekstatischen Verzückungszuständen des Königs auf Dauer nicht gewachsen sind.

Das Bauen im großen Stil ist die einzige wahrhaft königliche Aktivität, bei der Ludwig keine Vorschriften zu dulden hat, zumal er die Kosten aus seiner Privatschatulle bestreitet. An seine alte Erzieherin schreibt er im Januar 1869 über sein Linderhof-Projekt: »O es ist nothwendig, sich solche Paradiese zu schaffen, solche poetische Zufluchtsorte, wo man auf einige Zeit die schauderhafte Zeit, in der wir leben, vergessen kann.«

Der König als Experte

*I*m November 1868 notiert Ludwig in seinem Tagebuch: »Dämmern eines neuen Planes ... Linderhof.« Angefangen hatte es mit der Idee, dem französischen König Ludwig XIV. ein Denkmal zu setzen. Unter dem Arbeitstitel »Meicost Ettal« (die verschlüsselte Devise »L'état c'est moi« des Sonnenkönigs) sollte ein Schloss ähnlich Versailles gebaut werden. Dieser Plan wird später auf Herrenchiemsee verwirklicht. Nach verschiedenen An- und Umbauten am Jagdhaus des Vaters, das schließlich abgerissen und in einiger Entfernung wieder aufgebaut wird (Königshäuschen), kommt es schließlich zum Bau eines anmutigen Schlösschens im Stil des Rokoko. Verblüffend harmonisch schmiegt es sich mit seiner eleganten Gartenanlage in das Gebirgstal. Die Pläne für Linderhof stammen von Ludwigs Architekt Georg Dollmann, der Garten wurde von Carl von Effner angelegt, an der reichen Innendekoration arbeitete ein Heer von Kunsthandwerkern und Kunststickerinnen. Ludwig jedoch gebührt die Ehre, der wahre Schöpfer dieses grandiosen Ensembles zu sein.

Der königliche Bauherr hat aufgrund von Ge-

schichtsbüchern, Kunst- und Auktionskatalogen sowie auf der Basis einer umfangreichen Sammlung von Fotos, Stichen und Skizzen dezidierte Vorstellungen. Er entsendet Künstler, Sekretäre und Vertraute ins Ausland, um zum Beispiel auf Capri das Blau der Grotte zu studieren, das dann genau so in der Grotte von Schloss Linderhof erstrahlen soll, oder um in Versailles oder auf der Wartburg Details zu zeichnen, die dann bei den eigenen Bauwerken intelligent zitiert werden.

Ludwig äußert seine Wünsche. Er lässt Entwürfe anfertigen. Er korrigiert, lobt, mahnt, spornt an, belohnt besondere Anstrengungen und tobt, wenn etwas danebengeht. Dabei treibt er mit seinem Perfektionszwang und seiner Ungeduld so manchen zur Verzweiflung. Ludwig beschäftigt nur Künstler, die seine detaillierten Anweisungen umzusetzen verstehen. Eigenwilligkeit oder kreative Freiheiten vonseiten der Ausführenden sind nicht erlaubt, denn der eigentliche Künstler und Schöpfer ist der König selbst.

Lebende Bilder

Schloss Linderhof, das im Gegensatz zu den Schlössern Neuschwanstein und Herrenchiemsee vollendet wird, bewohnt der König recht häufig. Es ist der verborgene, ruhige Platz für genussvolle Lesestunden und ungestörte Diners, die mit einem Tischlein-deck-dich in das Speisezimmer befördert werden. Doch keine geistreiche, schöne Dame und auch kein eleganter junger Kavalier leistet dem König dabei Gesellschaft. Ludwig zieht es vor, Gedecke für Persönlichkeiten vom Versailler Hof aufzulegen, deren Porträts die Wände zieren, und sich an einer imaginären geschliffenen Konversation im Stil des 18. Jahrhunderts zu erfreuen.

Auch die Parkbauten sind sehr überlegt und exquisit ausgestattete Orte, die Ludwig in andere Welten versetzen. Sie sind die Bühne für königliche Inszenierungen etwa von orientalischer Potentatenmacht auf dem Pfauenthron oder verschiedenen dramatischen Themen aus Wagner-Opern.

Manchmal wird die Dienerschaft dazubefohlen, um der Illusion noch mehr Wirkung zu verleihen, etwa in der Hundinghütte bei einem germa-

nischen Gelage mit eigens gebrautem Met aus Trinkhörnern. Doch meist ist der König allein mit seinen Momenten des Glücks, wenn sich innere Bilder und äußere Kulisse zu einer ganz persönlichen Ebene der Realität zu überschneiden beginnen.

Erinnerungen an Ludwig:
Schloss Linderhof

Ludwig verehrte alte Bäume und zog vor ihnen auch grüßend den Hut. Die alte Hoflinde musste seinem Schlossbau nicht weichen. Sie ist bis heute Teil der bemerkenswerten Gartenanlage. Zu Ludwigs Zeiten führte eine hölzerne Leiter zu einer Plattform im Baum. Dort pflegte der König oft zu speisen.

Die Suche nach dem Gral
Schloss Neuschwanstein

»Ja, ich war der Märchenkönig,
Sass auf hohem Felsenthrone,
Schlanke Lilie war mein Scepter;
Funkelnd' Sterne meine Krone.«

(Sissi in ihrem
»poetischen Tagebuch«)

Sissi gefällt sich in der Rolle der Feenkönigin Titania, die trotz schwärmerischer Verehrung stets unnahbar bleibt. Auch Ludwig hat für solche Vorstellungen etwas übrig. Schließlich ist er ja in dem verwunschenen Hohenschwangau aufgewachsen und hat keine Mühe gescheut, seinen Wintergarten mitten in München so auszustatten, dass »man in Oberons Feengärten sich versetzt« glaubt, wie er stolz versichert. Immer stärker beflügelt jedoch Ludwig die Sage vom Gral, vom verwundeten Gralskönig, der durch die richtige Frage geheilt wird, und von den tugendhaften Rittern, die wegen ihrer Keuschheit und Entsagung dazu auserwählt sind, in das Gralsmysterium eingeweiht zu werden.

Die Burg der edlen Ritter

*D*as geliebte Schloss Hohenschwangau ist Ludwig zu eng, wenn er es in den Sommermonaten mit seiner »prosaischen« Mutter teilen muss. Im Gegensatz zu ihrem eigenbrötlerischen Sohn liebt Königin Marie echte Geselligkeit. Einer imaginären Konversation mit verstorbenen Persönlichkeiten aus anderen Jahrhunderten oder einsamen Träumereien kann sie nichts abgewinnen.

In Ludwig reift der Plan, in Sichtweite der alten Sommerresidenz der Familie die Neue Burg Hohenschwangau zu errichten. Erst nach Ludwigs Tod erhält das Schloss den Namen Neuschwanstein. Die Eindrücke, die Ludwig 1867 auf seinen Reisen zur gerade restaurierten Wartburg und zum pittoresken, wieder aufgebauten französischen Schloss Pierrefonds gewinnt, inspirieren ihn zu einer Burg im Stil des Mittelalters für seine Helden Lohengrin, Parsifal und Tannhäuser. Von diesem Plan einer Ritterburg, in der die Geschichten und Gestalten der Wagner-Opern lebendig werden, spricht Ludwig erstmals im Jahr 1868.

Was zuerst als »Neuaufbau einer Burgruine« be-

zeichnet wird, erweist sich schnell als ein gigantisches Projekt. Es hält nicht nur den detailversessenen, qualitätsbewussten, kunsthistorisch versierten und sich seines Geschmacks stets sicheren Bauherrn in Atem, sondern verlangt auch seinen Entwurfszeichnern und Architekten Christian Jank, Eduard Riedel, Georg Dollmann und Julius Hofmann sowie seinen Ingenieuren, Handwerkern, Bühnen- und Kunstmalern das Äußerste ab. Darüber hinaus werden auch Ludwigs Finanzen bei diesem Vorhaben über die Maßen strapaziert. Letzteres geschieht zur Freude der Firmen und Arbeitskräfte, die durch Ludwigs Projekte gute Aufträge erhalten. In den armen Gebirgsgegenden sind die einfachen Leute froh, in Lohn und Brot zu kommen. Sie verehren ihren wundersamen König zudem wegen seiner Naturliebe. München, das vom König links liegen gelassen wird, leuchtet während Ludwigs Regierungszeit zwar nicht als Ort höfischer Feste und Bälle, aber es entwickelt sich zu einer Metropole des Kunsthandwerks.

Die Grundsteinlegung von Neuschwanstein erfolgt im November 1869. Der anspruchsvolle Bau ist wie immer Geheimsache. Kein Außenstehender darf Entwürfe und Einrichtungsgegenstände

sehen oder die Baustelle betreten. Im Oktober 1885 führt Ludwig seine Mutter zu ihrem sechzigsten Geburtstag durch sein immer noch nicht vollendetes, aber schon bewohnbares Schloss. Von ihrem Ankleidezimmer in Schloss Hohenschwangau aus hat Königin Marie die Baufortschritte stets von weitem verfolgen können. Ein Stockwerk über ihr richtet Ludwig während der Bauzeit das Fernglas auf seine langsam emporstrebende Gralsburg. Später genießt er nachts den Anblick des innen erleuchteten Schlosses von der Marienbrücke über der Pöllatschlucht aus. Noch heute erscheint das Schloss aus dieser Perspektive wie ein Zauberwerk aus einer anderen Welt, hinter dem sich unter besonderen Umständen ein Tor ins Land der Legenden öffnen könnte …

Der Mythos vom Gral

*D*ie Legende vom heiligen Gral ist einer der zentralen europäischen Mythen. Die erste schriftliche Überlieferung stammt aus dem 12. Jahrhundert. Der Dichter Chrétien de Troyes fasst in einem Versroman mündliche Überlieferungen aus dem keltischen Sagenschatz zusammen. Im Mittelalter verbreiteten Barden die ursprünglich »heidnischen« und bald stark christlich überformten Geschichten um den Erlösung und Heil bringenden magischen Kelch, der manchmal auch als Stein bezeichnet wird. Dieser heilige Gral kann nur von einem reinen, auserwählten Helden nach vielen Abenteuern in der diesseitigen Welt und auch in der jenseitigen, mystischen Anderswelt erlangt werden.

Im deutschen Raum hat Wolfram von Eschenbach die Gralssuche in seinem 1220 entstandenen Epos besungen. Im Mittelpunkt steht der Ritter Parzival (Parsifal) aus der Tafelrunde von König Artus. Er findet Einlass in die Gralsburg Montsalvat des Gralskönigs Amfortas und hat sich dort zu bewähren, so wie auch später sein Sohn Lohengrin.

Auf Ludwig übt die Gralslegende, die auch von

Richard Wagner verarbeitet wurde, eine besondere Anziehungskraft aus. Ihre zentralen Themen der Läuterung, Wandlung und Erlösung beschäftigen den schließlich ganz zurückgezogen lebenden König. Der sensible Ludwig, der sich in heftige innere Kämpfe um Keuschheit und Sinnlichkeit verstrickt, strebt nach dem christlichen Ideal des Gralsrittertums, das besondere Opfer verlangt.

Der Thronsaal von Neuschwanstein, der im sakralen byzantinischen Stil ausgeführt ist, hat die Anmutung einer heiligen Gralshalle. Allerdings fehlt bis heute der Thron für den Priesterkönig, der hier residieren würde. Man fragte sich, ob Ludwig auf ihm tatsächlich selbst Platz genommen hätte. Es ist möglich, dass der geplante Thron – wie das Prunkschlafzimmer in Schloss Herrenchiemsee – in erster Linie der Huldigung an eine historische oder mythische Gestalt dienen sollte und nicht für Ludwig selbst bestimmt war. Sicher ist, dass Ludwig sich im Thronsaal, dem Allerheiligsten von Neuschwanstein, lange aufhielt und Abschied nahm, bevor er für geisteskrank erklärt und nach Schloss Berg gebracht wurde.

»In fernem Land,
unnahbar euren Schritten,
liegt eine Burg, die Monsalvat genannt;
ein lichter Tempel stehet dort inmitten,
so kostbar als auf Erden nichts bekannt;
drin ein Gefäß von wundertät'gem Segen
wird dort als höchstes Heiligtum bewacht:
es ward, daß sein der Menschen
Reinste pflegen,
herab von einer Engelschar gebracht;
alljährlich naht vom Himmel eine Taube,
um neu zu stärken seine Wunderkraft:
es heißt der Gral, und selig reinster Glaube
erteilt durch ihn sich seiner Ritterschaft.
Wer nun dem Gral zu dienen ist erkoren,
den rüstet er mit überirdischer Macht, –
an dem ist jedes Bösen Trug verloren,
wenn ihn er sieht, weicht dem
des Todes Nacht …«

(Aus: Lohengrin. Romantische Oper
von Richard Wagner)

Im Zeichen der reinen Lilie

Es ist bezeichnend, dass Ludwig, der in Wort und Schrift eine Vorliebe für den großzügigen Umgang mit Zitaten zeigt, die letzte Librettozeile aus Lohengrin in »wer ihn erschaut, den flieht der Sünde Macht« umdichtet. Mehr als den Tod scheint Ludwig die Sünde zu fürchten. Wenn man den auf zweifelhaften Wegen überlieferten Tagebuchfragmenten Glauben schenkt, liegt Ludwig in einem aufreibenden Kampf zwischen seinen Idealen von Erhabenheit, Keuschheit und Unnahbarkeit – die er alle mit dem Erlösung verheißenden Gralsmythos in Verbindung bringt – und sexuellen Regungen, die er ausnahmslos als verwerflich, erniedrigend und unrein betrachtet.

Im Gegensatz dazu ist Sissi eine kühle Persönlichkeit, die nie die Kontrolle verliert. Sie lernt, als berückende Schönheitskönigin ihre Macht auszuspielen und Leidenschaft zu entzünden, aber nicht zu erwidern. Sie selbst bleibt stets unnahbar. Ihr Gemahl Franz Joseph unterzeichnet schließlich seine Briefe an Sissi mit Formulierungen wie »Dein einsames Männchen«. Ludwig, der leicht entflammbare, kämpft dagegen an-

scheinend schwer mit sinnlichen Regungen und erotischen Versuchungen vor allem auch in Gestalt junger, schöner Männer. In Anbetracht von Ludwigs Manie für Idealisierungen, Etikette und Königswürde sowie seiner Angst, sich dem Begehren hinzugeben, weil es für ihn stets auch mit Trennung, Schmerz und Zurückweisung verbunden ist, kommt es bei den schwärmerischen Verliebtheiten wohl kaum zu mehr als schüchternen Liebkosungen. Das meiste spielt sich wahrscheinlich wie so oft in Ludwigs reger Fantasie ab. Er fühlt sich sicherer, wenn er seine Lieben, egal ob Mutter, andere Familienmitglieder, verdienstvolle Künstler, aktuelle Favoriten oder treue Bedienstete, großzügig beschenkt und so seine Zuneigung zeigen kann.

Das Ringen um Keuschheit –
aus den Tagebüchern des Königs

»… Nicht mehr im Januar, nicht im Februar, überhaupt ist das Ganze so viel als nur irgend möglich abzugewöhnen; Mit Gottes u. Königs Kraft! …« (1870)

»3. Febr. – Hände kein einziges Mal mehr hinab, bei schwerer Strafe! …« (1872)

»Den Sinnen tödlicher Haß! Keine Küsse mehr seit gestern abend, geschworen am Tag des 27. Januar. Im Andenken an den erhabenen Tod des Königs Karl I. von England und des gestürzten Königs Ludwig XVI. von Frankreich und Navarra …« (1886, im Original in französischer Sprache)

Für sein Problem, auch auf sexuellem Gebiet zu einer Identität zu finden, sieht Ludwig keine Lösung. Der von ihm so hoch verehrte Sonnenkönig, der sich unbekümmert neben seinen offiziellen Mätressen viele heimliche Liebesabenteuer leistete und dennoch nichts an königlicher Autorität und absoluter Macht einbüßte, scheint für Ludwig hier als Vorbild zu versagen. In der Memoirenliteratur des galanten 18. Jahrhunderts, die zu Ludwigs Lieblingslektüre gehört, kommen Liebe und Laster nicht zu kurz. Doch in punkto Sinnlichkeit scheinen bei Ludwig die strengen Gesetze der mittelalterlichen Gralsritterschaft zu gelten. Der Sehnsucht nach Liebe darf nur im Geistigen nachgegeben werden. Jede körperliche Erfüllung ist letztlich tabu. Bezeichnenderweise beherrscht das Thema Entsagung in der Gestalt des Tristan das Bildprogramm im königlichen Schlafzimmer von Neuschwanstein. Dort wacht am Kopfende des kunstvoll geschnitzten Bettes auch ein Bildnis der Jungfrau Maria, deren Symbol die Lilie ist, über den Schlaf des Königs.

Erinnerungen an Ludwig:
Schloss Neuschwanstein

Besichtigung nur im Rahmen
einer Führung.
Die vielen Details der Innendeko-
ration und ihre sorgfältige kunst-
handwerkliche Ausführung, die
Symbolik der Gemälde und
Kunstgegenstände lassen sich
kaum während eines einzigen
Rundgangs richtig erfassen und
würdigen. Doch es ging ja schon
Ludwig selbst ausdrücklich nur
um die Wirkung, die Illusion, und
nicht um die Kenntnis der
technischen Einzelheiten, durch
die sie erzeugt wird.

Huldigung an den Sonnenkönig

Schloss

Herrenchiemsee

»*Selten ist die wahre Weisheit,*
Selt'ner noch Verrücktheit wahre,
Ja, vielleicht ist sie nichts And'res,
als die Weisheit langer Jahre.«

(Sissi in ihrem
»poetischen Tagebuch«)

Die Ausweisung Richard Wagner Ende 1865, der Krieg von 1866 und die Reichsgründung 1871 sind für Ludwig so deprimierende Zeichen seiner eingeschränkten königlichen Souveränität, dass er an Abdankung denkt. Er lässt nach fernen Territorien forschen, wo er sich niederlassen könnte, Insellage bevorzugt. Während Sissi ausgedehnte Reisen ins Ausland unternimmt und vorwiegend als Privatperson auftritt, bleibt Ludwig König von Bayern. Er erfüllt weiter auf eigenwillige Weise seine Pflichten und treibt seine kühnen Bauprojekte voran. Schließlich erwirbt er 1873 tatsächlich eine Insel. Doch sie liegt nahe bei München, im Chiemsee. Hier wird Jahre später ein neues Schloss entstehen – nicht als Palast für Ludwig selbst, sondern als Denkmal für Ludwig XIV., den Sonnenkönig.

Was ist schon normal?

Was bezeichnen wir als Wahnsinn, wo liegt die Grenze zum künstlerischen Genie? Sind alle, die ihre Umgebung brüskieren und etwas Ungewöhnliches tun, wirklich verrückt? Genauso wie Schönheit allein im Auge des Betrachters liegt, ist es in jeder Kultur von den jeweils herrschenden Vorstellungen abhängig, was als normal angesehen wird. Heute ist manches erlaubt, was vor hundert Jahren nur »Wahnsinnige« taten oder was scheinbar im Irrsinn endete. Bestimmte Verhaltensweisen, die ein mittelalterlicher Herrscher ganz selbstverständlich an den Tag legte, würde man in unserer Gesellschaft als pervers, verrückt oder kriminell brandmarken.

Auch das Bild, das von Ludwig gezeichnet wird, schwankt im Laufe der Jahre. Heute finden seine Architekturschöpfungen bei Kunsthistorikern großen Respekt und werden sorgfältig erforscht. Die Diagnose »Paranoia«, mit der ihn das Ärztekomitee um Professor Gudden belegte, wäre jetzt ein noch gröberer Kunstfehler. Das komplizierte Seelenleben Ludwigs, seine *Ver-rücktheit* in Zeit und Raum, würde ein moderner Psychia-

ter mit anderen Begriffen einzukreisen versuchen, ohne jedoch den König deshalb für geisteskrank zu erklären.

Auch Sissi, die manchmal die Marotten ihres »Königsvetters« belächelt, hält Ludwig nicht für verrückt. Das käme den einfachen Landleuten ebenfalls nicht in den Sinn, die an der königlichen Prachtentfaltung im Gebirge keinerlei Anstoß nehmen. Dagegen werden kritische Stimmen in den Kreisen von Adel und Beamtenschaft laut. Auch viele Münchner Bürger fühlen sich von Ludwig ausgeschlossen. Seine Paläste sind nun einmal keine öffentlichen Repräsentationsbauten, sondern Ausdruck innerer Bilder und Ideen, die vom König als so intim und heilig empfunden werden, dass nur wenige die Schlösser überhaupt betreten dürfen. Lieber will er sie nach seinem Tod in die Luft sprengen lassen, als dass sie durch fremde Blicke entweiht werden!

»Man nennt mich einen Narren.
Wird Gott, wenn er mich einst zu
sich ruft, mich ebenso nennen?«

(Ludwig im Gespräch mit dem
Schriftsteller Lew Vanderpoole, 1882)

»Das Ganze ist nur eine Geldfrage.
Wenn mir jemand hier auf den
Tisch ein paar Millionen Mark legte, wollte ich sehen, ob man mich
für wahnsinnig halten würde!«

(Ludwig kurz vor seiner Verhaftung
auf Schloss Neuschwanstein, 1886)

Träume von Versailles

*D*er Plan für ein Schloss in Stil von Versailles beschäftigt Ludwig, seit er als König seiner Bauleidenschaft frönen kann. Er studiert intensiv das von vielen Seiten herangeschaffte Material zum Zustand des Paradeschlosses zur Zeit des französischen Sonnenkönigs. Er will sich für sein eigenes Projekt an der ursprünglichen inneren Gestaltung orientieren. Lange ist sich Ludwig unschlüssig, wo sein Traum von Versailles verwirklicht werden soll. Er zieht das Graswangtal in Betracht. Doch hier entsteht schrittweise Schloss Linderhof, das schließlich eher einem der Lustschlösser im Park von Versailles gleichkommt – und damit auch die gedankliche Verbindung zu der von Ludwig innigst verehrten französischen Königin Marie-Antoinette knüpft. Ihr Todestag ist ein wichtiges Datum in Ludwigs immerwährendem Kalender der feierlich zu begehenden Gedenktage.

1873 erwirbt der König die alte Mönchsinsel Herrenwörth im Chiemsee, um ihren Wald vor dem Abholzen zu retten. Obwohl die Insel den perfekten Rahmen für sein Herzensprojekt abgäbe und Ludwig 1874 zu seinem Geburtstag

das französische Versailles erstmals selbst besichtigt, kommt es erst 1878 zur Grundsteinlegung auf Herrenchiemsee, wo nun der Geist von Versailles in kunstvollster Weise beschworen wird.

Schloss Herrenchiemsee ist unvollendet geblieben, und vielleicht entspricht das sogar den Bedürfnissen des Bauherrn. Im Mittelpunkt dieses Denkmals für Ludwig XIV. steht das Schlafzimmer des Herrschers, wo morgens und abends das Ritual der auf- bzw. untergehenden Sonne zelebriert wurde. Um dieses prachtvolle Zentrum gruppieren sich die anderen Prunkräume und die eindrucksvolle Spiegelgalerie, die das Versailler Vorbild in ihren Dimensionen noch übertrifft. Daneben richtet sich Ludwig ein kleineres Appartement ein. Wichtig sind diese Prunkgemächer, andere Räume brauchen nicht ausgestattet zu werden. Ein vielköpfiger Hofstaat ist schließlich nicht unterzubringen, auch werden keine Festgäste erwartet. Denn während sich das Leben des Sonnenkönigs gewollt fast ausnahmslos vor den Augen einer Anteil nehmenden Menge abspielte, erscheinen Ludwig inzwischen bereits die Blicke seiner Diener als zudringlich und beleidigend.

Ab 1881 besucht der König die Baustelle im Chiemsee alljährlich im September, dabei inspiziert er die Baufortschritte stets bei Nacht. Sein Appartement im Schloss Herrenchiemsee bewohnt Ludwig nur ein einziges Mal für wenige Tage im Jahr 1885.

*Erinnerungen an Ludwig:
Schloss Herrenchiemsee*

Die Insel Herrenchiemsee ist von Prien aus per Schiff zu erreichen. Sehr empfehlenswert ist der Besuch des König-Ludwig-Museums, das in einem Flügel von Schloss Herrenchiemsee untergebracht ist. Die Ausstellung bietet einen einmaligen Überblick zu Leben und Wirken des Königs.

Liebe und Tod

Schloss Berg

»Einst sind wir
einander begegnet
Vor urgrauer Ewigkeit
Am Spiegel des
lieblichsten Sees,
Zur blühenden Rosenzeit.«

(Sissi in ihrem
»poetischen Tagebuch«)

Was für Sissi das gemütliche Possi – das elterliche Schloss Possenhofen –, das ist für Ludwig Schloss Berg: ein idyllisch gelegener Rückzugsort für zwanglose Landaufenthalte. Beide kehren immer wieder an diese Plätze ihrer Kindheit zurück. Auf der kleinen Roseninsel im Starnberger See treffen sich Cousin und Cousine zu Plaudereien. Oder sie deponieren in der Inselvilla Briefe und Gedichte für den gerade fernen Freund.

Am See erlebt Ludwig glückliche Tage nicht nur mit der geliebten Sissi. Hier ist Richard Wagner für eine Weile sein Nachbar, und hier wandelt er als Verlobter von Sissis Schwester Sophie Charlotte sogar kurzzeitig auf unsicheren Freiersfüßen. Schloss Berg ist jedoch zugleich der Ort seiner schwärzesten Stunden als abgesetzter, für geisteskrank und regierungsunfähig erklärter König.

Die Verlobung und
andere Missverständnisse

Ludwig ist ein ritterlicher Verehrer der Weiblichkeit. Neben so bezaubernden, aber nur noch über die Vorstellungskraft kontaktierbaren Geschöpfen wie Königin Marie Antoinette oder der Marquise Pompadour, sind es eher reife Damen, bei denen Ludwig seinen Charme spielen lässt. Verdiente Schauspielerinnen und Sängerinnen beschenkt er mit üppigen Blumenbouquets und der Gunst artiger Worte. Auch die Zarin Maria Alexandrowna gehört zu seinen Favoritinnen in der Riege »holder Frauen«. Ihr zu Ehren gibt Ludwig sogar 1868 ein rauschendes Fest am Starnberger See.

Sissi nimmt als angebetete Freundin eine Sonderstellung ein. Durch ihren Namen gemahnt sie Ludwig an die Gestalt der heiligen Elisabeth aus der Tannhäusersage. Als erotische Partnerin kommt sie für Ludwig wohl am wenigsten in Betracht. Wie Tannhäuser, mit dem er sich zeitweise identifiziert, strebt Ludwig allein nach der himmlischen, keineswegs der irdischen Liebe, denn – so schreibt er in seinem Tagebuch – »nur

psychische Liebe allein ist gestattet, die sinnliche dagegen verflucht«.

Dass Ludwig Anfang 1867 in eine Verlobung mit der jungen Sophie Charlotte hineinstolpert, hat offenbar weniger damit zu tun, dass sie Sissis Schwester ist und ihr ähnlich sieht. Die musikalische Sophie teilt vielmehr Ludwigs Liebe für das Werk Richard Wagners. Die beiden hatten als Kinder gemeinsam Theater gespielt, jetzt schwärmen sie für Wagners Musik. Sie korrespondieren eifrig miteinander. Ludwig zeigt der Freundin die Briefe Wagners, und Sophie versteht es, mit den Empfindlichkeiten und Überspanntheiten Ludwigs in der Hochphase seiner Wagnerbegeisterung freundlich umzugehen. Sophies Eltern halten solch schönen Gleichklang für ein eindeutiges Zeichen, und ehe es sich Ludwig versieht, fühlt er sich dazu verpflichtet, Sophie einen Antrag zu machen.

In der Verlobungszeit zeigt sich schnell, dass Ludwig weder für Sophie als Gemahlin noch für die Ehe an sich etwas übrig hat. Er fühlt sich dafür nicht geschaffen, lieber springe er in den Alpsee. Sophie bekommt in einem der Brautbriefe zu lesen, dass sie Ludwig zwar die Teuerste sei, »der Gott meines Lebens aber ist, wie Du

weißt, R. Wagner«. Sie will es mit Fassung tragen, denn sie selbst hat sich bei den Aufnahmen für die offiziellen Verlobungsbilder unsterblich in den Fotografen Edgar Hanfstaengl verliebt und beginnt, mit ihm heimlich Liebesbriefe auszutauschen.

Der Hochzeitstermin wird mehrfach verschoben, bis schließlich der Brautvater ein Ultimatum stellt. Ludwig nimmt es zum Anlass, die Verlobung zu lösen. Im Oktober 1867 ist er wieder frei. »Das Entsetzliche« ging nicht in Erfüllung, und das Thema Heirat ist ein für allemal erledigt. Sophie wird ein Jahr später die Gemahlin des Herzogs von Alençon.

Sissi kommentiert das peinliche Ende der Verlobung mit den Worten: »Es gibt keinen Ausdruck für ein solches Benehmen.« Sie konstatiert aber auch: »… glücklich hätte sie weiß Gott mit so einem Mann nicht werden können.«

Ein exzentrisches Junggesellenleben

Mit knapp dreißig hat der König seinen jugendlichen Schmelz verloren. Zwar bleibt er bis zu seinem Lebensende eine aufsehenerregende, imposante Gestalt von majestätischer Ausstrahlung, aber die seelischen Enttäuschungen bei all seinen misslungenen Versuchen, von einem Menschen bedingungslos angenommen und geliebt zu werden, sowie verschiedene körperliche Beschwerden lassen ihn sichtbar leiden. Ludwig wird dick. Zeitweise plagen ihn starke Kopf- und Zahnschmerzen. Die Zähne fallen ihm aus – ein Leiden, das er mit Sissi teilt, die ebenfalls zu duftenden Tüchlein greift, um beim Sprechen ihre Zahnlücken zu verbergen. Die Halluzinationen, die Ludwig bereits in jungen Jahren verstörten, treten wieder auf. Hinzu kommen Wutanfälle. Auch Schlaflosigkeit und Ängste um seine körperliche Unversehrtheit quälen den König.

Ludwig zieht sich immer mehr in die Stille zurück. Er lebt nachts, und er schränkt seine Kontakte so sehr ein, dass schließlich die Ver-

Ludwig II.
König von Bayern

bindung zur Außenwelt fast ganz in den Händen seiner wenigen Vertrauten, des Stallmeisters Richard Hornig oder seines Flügeladjutanten Graf Dürckheim-Montmartin sowie seines Lakaien und seines Friseurs, liegt.

1873 sieht man den König das letzte Mal beim Oktoberfest, 1875 nimmt er das letzte Mal eine Parade ab, 1876 überwindet er sich das letzte Mal, um sich bei einer Hoftafel zu zeigen.

Dennoch bleibt Ludwig rastlos tätig. Die Staatsgeschäfte werden pflichtgemäß erledigt. Sein schöpferischer, planerischer Verstand funktioniert so brillant wie eh und je. Die verschiedenen gleichzeitig abgewickelten und persönlich intensiv überwachten anspruchsvollen Bauprojekte fesseln seine Aufmerksamkeit – und verschlingen Millionen.

»Natürlich dachte ich nicht daran, meinen König im entferntesten für krank oder gar verrückt zu halten – keiner von uns hätte das gewagt, dafür verehrten wir ihn viel zu sehr. Wir nahmen eben diese Dinge als eine Art Luxus, und auf der Folie seiner majestätischen Erscheinung, seiner zur Schau getragenen Selbstsicherheit, seiner Prachtliebe und des ihn umgebenden Nimbus traten sie nicht mehr als andere herrscherliche Extravaganzen in Erscheinung.«

(Aus den Erinnerungen des Kochs Theodor Hierneis)

Leere Kassen

Als die privaten Schulden des Königs 1886 eine solche Höhe erreichen, dass die Arbeit an den laufenden Bauprojekten eingestellt werden muss und an die Verwirklichung weiterer Bauten nicht zu denken ist, versucht Ludwig verzweifelt, sich neue Geldquellen zu erschließen. Für ihn hängen Lebensglück und Seelenfrieden vom Bauen ab. Königin Marie, die seine Not sieht, bietet an, ihre kostbaren Juwelen zu Geld zu machen. Ludwig ist gerührt. Obwohl er bereits die ungewöhnlichsten Maßnahmen zur Geldbeschaffung in Erwägung gezogen hat, will er den Schmuck seiner Mutter nicht antasten. Als es schließlich so aussieht, als ziehe Ludwig in Erwägung, seine widerspenstigen Minister zu entlassen, werden die Schulden des Königs zum Politikum. Plötzlich erscheint Ludwigs Exzentrik in einem viel schärferen Licht, und es setzt sich die Meinung durch, dass der König verrückt und nicht regierungsfähig sei. Um den König entmündigen und durch einen Regenten ersetzen zu können, wird ein Ärztekomitee unter Leitung von Professor Bernhard Gudden herangezogen. Nach dessen Ferndiagnose, die auf Hö-

rensagen beruht, ist Ludwig zweifellos geistes-krank.

Man fasst den Plan, den König nach Berg zu bringen, wo er – ähnlich wie sein kranker Bruder Otto in Schloss Fürstenried – künftig unter strenger Bewachung leben soll. Die Fenster der königlichen Wohnräume von Schloss Berg werden sogleich vergittert, die Klinken an den Türen innen abgeschraubt. In die Wände bohrt man Gucklöcher.

Der erste Versuch, Ludwig in Schloss Neuschwanstein zu ergreifen, misslingt aufgrund der Gegenwehr der treuen Dienerschaft. Doch dann wird Ludwig, der zu müde und zu traurig ist, um Widerstand zu leisten, und sogar an Selbstmord denkt, überrumpelt. Resigniert besteigt er die Kutsche, die ihn nach Berg bringt.

Das Rätsel wird bleiben

*P*rofessor Gudden, der eigentlich für seine fortschrittlichen Ansichten bei der Behandlung von nervenkranken Patienten bekannt ist, unterschätzt den König. Er ist sich nicht darüber im Klaren, dass er es keineswegs mit einem verwirrten Müßiggänger zu tun hat. Er weiß nichts von Ludwigs Talent für geistreiche Wortspiele, von seiner Kultiviertheit und Liebenswürdigkeit, von seiner Fähigkeit zur durchaus auch ironischen Selbstbetrachtung. In Schloss Berg glaubt Gudden, einen lammfrommen, lenkbaren königlichen Patienten vor sich zu haben, der sich den demütigenden Bedingungen fügt. So verzichtet er am Abend des 13. Juni 1886 auf die Begleitung eines Wärters, als er mit Ludwig zu einem Spaziergang im Park aufbricht.

Der König und der Arzt kehren von diesem Ausflug nicht zurück. Man findet beider Leichen Stunden später im See. Zu den vielen Rätseln, die Ludwig seinen Mitmenschen aufgegeben hat, kommt damit das wohl größte Geheimnis seines außergewöhnlichen Schicksals hinzu. Bis heute ist ungeklärt, ob es sich um einen Unfall, um Mord oder Selbstmord handelte. Trat der Tod

durch Ertrinken oder durch einen Herzschlag ein? Oder wurde Ludwig gar auf der Flucht erschossen, wie immer wieder einmal behauptet wird? Im ansonsten ausführlichen Bericht über die Obduktion des Königs ist keine Todesursache vermerkt.

Das Leben, nur ein böser Traum?

*A*ls Ludwig zu Tode kommt, weilt Sissi in ihrem Feriendomizil auf der anderen Seite des Sees. Sie hat von der Gefangennahme des Königs erfahren, aber nicht sofort etwas unternommen, um ihren Cousin zu sehen oder ihm in anderer Form beizustehen. Von ihr geht auch keine Initiative aus, eine mögliche Flucht zu organisieren. Die Situation ist für Außenstehende allerdings auch recht unklar.

Als sich wenig später die Nachricht vom Tod Ludwigs wie ein Lauffeuer verbreitet, ist Sissi zutiefst erschüttert. Sie weint und klagt. Erregt beschuldigt sie später Ludwigs Onkel Luitpold, den Prinzregenten, Ludwig in den Tod getrieben zu haben. Ludwig habe Selbstmord begangen, aber er sei nicht geisteskrank gewesen. Sissi zerstreitet sich darüber sogar mit ihren bayerischen Verwandten, die von der Integrität des Prinzregenten überzeugt sind.

Neben Rose und Lilie gehörte Jasmin zu den Lieblingsblumen Ludwigs. Für den toten König und Herzensfreund pflückt Sissi deshalb einen Jasminstrauß und schickt ihn nach Berg. Mit diesem schlichten letzten Blumengruß, den man

»Haben Sie nicht bemerkt,
dass bei Shakespeare die Wahn-
sinnigen die einzigen Verständigen
sind. So weiß man auch im Leben
nicht, wo die Vernunft und wo
der Wahnsinn sich findet, sowie
man auch nicht weiß, ob die
Realität der Traum oder der
Traum die Wirklichkeit ist. Ich
neige dazu, jene Menschen für
vernünftig zu halten, die man
wahnsinnig nennt.«

(Sissi zu ihrem griechischen Vorleser
Constantin Christomanos)

in seine rechte Hand legt, wird Ludwig nach München überführt, in der Residenz aufgebahrt und am 19. Juni in der Michaelskirche beigesetzt. Drei Tage später lässt Sissi ein feierliches Requiem in der Kirche von Feldafing abhalten. Dann begibt sie sich selbst nach München und legt in der Gruft von St. Michael einen Kranz auf Ludwigs Sarg. Voller Schmerz und Erregung behauptet sie, dass Ludwig gar nicht tot sei, sondern sich nur vor der Welt verbergen würde.

Sissi kann Ludwigs Tod nur schwer verwinden. Ihre Gedanken kreisen noch sehr lange und intensiv um das traurige Geschick des Cousins. Es kommt sogar so weit, dass Sissi der Geist des ertrunkenen Ludwig erscheint und zu ihr spricht. Sissi denkt nun oft an Selbstmord. Die Fluten des Starnberger Sees sind für sie eine große Versuchung, sich endlich »Rast und Ruh«, sich »Freiheit« zu verschaffen. Keiner habe Ludwig so betrauert wie Sissi, schreibt Ludwigs Biograf Gottfried von Böhm, ein Zeitgenosse. Sissi, die gealterte, desillusionierte und leidende Frau, stirbt 1898 in Genf durch die Hand eines Anarchisten. Doch in der Erinnerung bleibt sie, genau wie Ludwig, als schöne, seelenvolle und die Herzen berührende Persönlichkeit unsterblich.

»Freunde! Seht!
Fühlt und seht ihr's nicht? –
Höre ich nur
diese Weise,
die so wunder-
voll und leise,
Wonne klagend,
Alles sagend,
mild versöhnend
aus ihm tönend
in mich dringet,
auf sich schwinget,
hold erhallend
um mich klinget?
Heller schallend,
mich umwallend,
sind es Wellen
sanfter Lüfte?

Sind es Wolken
wonniger Düfte?
Wie sie schwellen,
mich umrauschen,
soll ich atmen, —
soll ich lauschen?
Soll ich schlürfen,
untertauchen?
Süß in Düften
mich verhauchen?
In dem wogenden Schwall,
in dem tönenden Schall,
in des Welt-Atems
wehendem All –,
ertrinken,
versinken –,
unbewußt –,
höchste Lust!

(Isoldes Liebestod, aus: Tristan und Isolde,
Oper von Richard Wagner)

Zeittafel

1845: 25.8. Geburt von Ludwig II. in Schloss Nymphenburg.

1848: 20.3. Großvater Ludwig I. dankt ab, Vater Maximilian II. folgt auf den Thron; 27.4. Geburt des Bruders Otto.

1854: 24.4. Sissi heiratet mit 16 Jahren den österreichischen Kaiser Franz Joseph.

1861: 2.2. Ludwig hört erstmals die Oper *Lohengrin;* 22.12. erster Besuch der Oper *Tannhäuser.*

1863: 16./17.8. einzige persönliche Begegnung Ludwigs mit Otto von Bismarck anlässlich des Besuchs von König Wilhelm I. von Preußen in München; Oktober: Beginn des Studiums an der Universität München.

1864: 10.3. Tod von Maximilian II., Proklamation Ludwigs zum König; Pläne für die Neugestaltung der Königswohnung in der Münchner Residenz; 4.5. erstes Zusammentreffen mit Richard Wagner; 16.6.–15.7. Ludwig empfängt das österreichische Kaiserpaar in München und begleitet es nach Bad Kissingen; November: Plan für ein Wagner-Festspielhaus in München (Architekt: Gottfried Semper), der jedoch nicht verwirklicht wird.

1865: 10. 6. Uraufführung von *Tristan und Isolde* in München; 20.10.–2.11. Reise in die Schweiz, Besuch der Schauplätze von Schillers *Wilhelm Tell;* 10.12. Richard Wagner muss München verlassen.

1866: Im Krieg gegen Preußen steht Bayern auf der Seite Österreichs; Ludwig unterzeichnet widerstrebend den Mobilmachungsbefehl für den 22. Juni; 22.–24.5. Besuch bei Richard Wagner in der Schweiz; 3.7. Niederlage gegen Preußen bei Königgrätz; Abdankungspläne;

10.11.–10.12. Reise in das vom Krieg betroffene Franken.

1867: 22.1. Verlobung mit Sissis Schwester Sophie Charlotte; 28.5. Entwürfe für einen Wintergarten auf dem Dach der Residenz; 1.–3.6. Besuch der Wartburg, 20.–29.7. Parisreise, Besuch der Weltausstellung; 7.10. Auflösung der Verlobung mit Sophie.

1868: 13.5. Mitteilung an Richard Wagner über den Plan, bei Hohenschwangau eine neue Burg (Neuschwanstein) zu errichten; 21.6. Uraufführung von *Die Meistersinger von Nürnberg* in München; 2.–10.8. Treffen mit der österreichischen Kaiserfamilie und der Zarenfamilie in Bad Kissingen.

1869: im Februar Ausbau des Königshäuschens im Graswangtal, Kostenvoranschlag für einen Palast im byzantinischen Stil; 27.8. Grundsteinlegung für das Königshaus am Schachen; 5.9. Grundsteinlegung für Schloss Neuschwanstein; 22.9. Uraufführung von *Das Rheingold* in München gegen den Willen Wagners; 9.12. Abschluss der Neugestaltung der Königswohnung in der Residenz.

1870: 26.7. Uraufführung von *Die Walküre* in München; 16.7. Mobilmachungsbefehl zum Krieg gegen Frankreich an der Seite Preußens; 19.7. Kriegserklärung Frankreichs; 1.9. Schlacht bei Sedan und Kapitulation Frankreichs; 30.9. Beginn der Planungen für Schloss Linderhof; 23.11. Beitritt Bayerns zum Deutschen Bund; 30.11. »Kaiserbrief« Ludwigs an den preußischen König, in dem er ihm im Namen aller Reichsfürsten die Kaiserkrone anträgt; 10.12. Gründung des Deutschen Reiches.

1871: 18.1. Proklamation König Wilhelm I. von Preußen zum deutschen Kaiser, Bismarck wird Reichskanzler.

1872: 6.5. erste Separatvorstellung im Residenztheater, der bis 1885 rund 200 weitere folgen; 22.5. Grundsteinlegung zum Festspielhaus in Bayreuth; 25.8. Fertigstellung des Königshauses am Schachen.

1873: Abdankungspläne; 25.9. erste jährliche Zahlung Preußens aus dem »Welfenfonds« an die Kabinettskasse Ludwigs; Kauf der Herreninsel im Chiemsee; Torbau von Schloss Neuschwanstein bewohnbar.

1874: 21.1. Abbruch des Königshäuschens und Aufbau von Schloss Linderhof in der endgültigen Form; 21.–28.8. Parisreise mit Besuch von Versailles.

1875: im Mai voller Ausbruch der Geisteskrankheit bei Ludwigs Bruder Otto; 24.–27.8 Reise nach Reims.

1876: 6.–9.8., 27.–31.8. Reisen nach Bayreuth zu den Proben und Vorstellungen von *Der Ring des Nibelungen*.

1877: Fertigstellung von Schloss Linderhof.

1878: 21.5. Grundsteinlegung von Schloss Herrenchiemsee.

1879: Fertigstellung des Rohbaus von Schloss Herrenchiemsee.

1880: Fertigstellung des Rohbaus von Schloss Neuschwanstein.

1881: 27.6.–14.7. Reise mit dem Schauspieler Josef Kainz in die Schweiz; Fertigstellung der Repräsentationsräume von Schloss Herrenchiemsee.

1883: Entwürfe zur Burg Falkenstein bei Pfronten; 13.2. Tod Richard Wagners.

1884: Kauf der Ruine Falkenstein.

1885: Thronsaal in Neuschwanstein fertiggestellt, die Schulden Ludwigs belaufen sich auf etwa 14 Millionen Mark; Einstellung der Arbeiten an Schloss Herrenchiemsee.

1886: Pläne für einen chinesischen Sommerpalast am Plansee; 17.4. Weigerung des Kabinetts, die königlichen

Schulden aus der Staatskasse zu begleichen; 11.5. Ludwig plant die Entlassung seiner Minister und die Auflösung der Abgeordnetenkammer, um wieder an Gelder für seine Baupläne zu kommen; Beschluss der bayerischen Regierung, den König zu entmündigen; 8.6. Professor Bernhard von Gudden erklärt gemeinsam mit einem Ärztekomitee den König für geisteskrank; 9.6. Ludwig wird für regierungsunfähig erklärt, Einsetzung von Ludwigs Onkel Luitpold zum Prinzregenten; 10.6. Entsendung einer Staatskommission nach Hohenschwangau; 12.6. Abtransport des Königs nach Schloss Berg; 13.6. Tod von Ludwig und Gudden im Starnberger See; 19.6. Beisetzung Ludwigs in der Michaelskirche in München; 16.8. Überführung der Urne mit Ludwigs Herz in die Gnadenkapelle von Altötting; noch im August Öffnung der Schlösser Linderhof, Neuschwanstein und Herrenchiemsee für zahlendes Publikum.

Literatur

Baumgartner, Georg: Königliche Träume. Ludwig II. und seine Bauten. Hugendubel, München 1981.

Böhm, Gottfried von: Ludwig II. König von Bayern. Berlin 1922.

Corti, Egon Caesar Conte: Elisabeth. Styria, Graz/Wien/Köln, 43. Aufl. 1998.

Evers, Hans Gerhard: Ludwig II. von Bayern. Hirmer, München 1986.

Haasen, Gisela: Ludwig II. Briefe an seine Erzieherin. Bruckmann, München 1995.

Hacker, Rupert (Hrsg.): Ludwig II. von Bayern in Augenzeugenberichten. dtv, München 1972.

Hamann, Brigitte (Hrsg.): Kaiserin Elisabeth. Das poetische Tagebuch. Verlag der Österreichischen Akademie der Wissenschaften, Wien 1984.

Hamann, Brigitte: Elisabeth. Kaiserin wider Willen. Piper, München/Zürich, überarbeitete Neuausgabe 1997.

Heindl, Karin und Hannes: Ludwigs heimliche Residenzen. München, 2., erw. Aufl. 1986.

Herre, Franz: Bayerns Märchenkönig Ludwig II. Heyne, München, 4. Aufl. 1999.

Hierneis, Theodor: Ein Mundkoch erinnert sich an Ludwig II. Heimeran, München 1953.

Hojer, Gerhard (Hrsg.): König Ludwig II.-Museum Herrenchiemsee. Katalog. Hirmer, München 1986.

Hüttl, Ludwig: Ludwig II. König von Bayern. Bertelsmann, München1986.

König Ludwig II. Sein Leben, seine Schlösser, seine Träume. Sonderheft der Zeitschrift Charivari, 1995.

Kreisel, Heinrich: Die Schlösser Ludwigs II. von Bayern. Schneekluth, Darmstadt 1954.

Neumann-Adrian, Michael: Das König-Ludwig-Wanderbuch. Steiger, Augsburg 1998.

Nöhbauer, Hans F.: Auf den Spuren König Ludwigs II. Prestel, München, 2., überarb. Aufl. 1995.

Petzet, Michael: Gebaute Träume. Die Schlösser Ludwigs II. von Bayern. Hirmer, München 1995.

Petzet, Michael: König Ludwig II. und die Kunst. Katalog der Ausstellung in der Münchner Residenz. Prestel, München 1968.

Rall, Hans/Petzet, Michael: König Ludwig II. Wirklichkeit und Rätsel. Mit einer umfassenden Übersicht über die Aufenthaltsorte des Königs in den Residenzen, Schlössern und Berghäusern von Franz Merta. Schnell & Steiner, München/Zürich 1986.

Schmidbauer, Wolfgang/Kemper, Johannes: Ein ewiges
Rätsel will ich bleiben mir und anderen. Wie krank war
Ludwig II. wirklich? Bertelsmann, München 1986.
Schweiggert, Alfons: Der Kronprinz. Kindheit und Jugend
König Ludwigs II. von Bayern. Turmschreiber, Pfaffen-
hofen 1995.
Wilhelm, Kurt (Hrsg.): Luise von Kobell und die Könige
von Bayern. Ehrenwirth, München 1980.

Anmerkungen zu den Fotos

Seite 2/3: Oberbayerischer See.

Seite 4/5: Schloss Neuschwanstein.

Seite 6/7: Schloss Linderhof, Detail der Gartenanlage.

Seite 9: Kaiserin Elisabeth von Österreich in Hofgala mit
Diamantsternen, Gemälde von Franz Xaver Winterhal-
ter – *Sissi war die unangefochtene Schönheitskönigin
der europäischen Fürstenhöfe. Nach vielen persönlichen
Enttäuschungen und langen Jahren der Schüchternheit
verstand sie es schließlich, ihre blendende Erscheinung
wie eine Waffe einzusetzen und sich selbstbewusst viele
Freiheiten zu erkämpfen.*

Seite 14: König Ludwig II. von Bayern, Gemälde von
Wilhelm Tauber (Eigentum der Bayer. Schlösserverwaltung) – *»Als er den Thron bestieg, erschien er vielen
als ein wahrer Götterjüngling. Ein Apoll von Gestalt,
schmückten ihn scheinbar alle Vorzüge des Geistes und
Gemütes. Nicht nur die Frauenwelt schwärmte für ihn,
auch ernste Männer empfanden den Zauber seiner an-
geborenen, vornehmen Liebenswürdigkeit.« (Gottfried
von Böhm).*

Seite 19: König Ludwig auf dem Balkon des Thronsaals

von Schloss Neuschwanstein, Ölgemälde von Ferdinand Leeke (Eigentum der Bayer. Schlösserverwaltung).

*chen nach Ludwigs Tod wurden seine Schlösser für
Besucher geöffnet. Als Publikumsmagnet erwies sich
Schloss Neuschwanstein, das heute an Spitzentagen bis
zu 10 000 Menschen besichtigen.*

Seite 77: Schloss Neuschwanstein – *Das Arbeitszimmer
des Königs ist mit Wandgemälden geschmückt, die Sze-
nen aus der Tannhäusersage wiedergeben. Wie Tannhäuser wollte auch Ludwig »Frau Venus« und allen
sexuellen Verlockungen widerstehen.*

Seite 79: Schloss Neuschwanstein, Thronsaal.

Seite: 86/87: Schloss Herrenchiemsee.

Seite 93: Schloss Herrenchiemsee, Spiegelsaal.

Seite 96/97: Votivkapelle im Park von Schloss Berg –
*Heute ist ein Teil vom Park des privat genutzten
Schlosses Berg öffentlich zugänglich. Ende 1886 ließ
Königin Marie zum Gedenken an ihren Sohn Ludwig
am Seeufer eine Leuchte errichten. Im Jahr 1900 wurde
dort auch eine Votivkapelle im romanischen Stil fertiggestellt.*

Seite 103: König Ludwig II., kolorierter Lichtdruck nach
einer Fotografie von Hanfstaengl, um 1870.

Seite 107: Burg Falkenstein, Entwurf des Theatermalers
Christian Jank (Eigentum der Bayer. Schlösserverwaltung) – *Ludwig erwarb 1884 die Ruine Falkenstein bei
Pfronten. Hier sollte eine märchenhafte Ritterburg entstehen.*

Seite 109: *Seit 1919 markiert ein schlichtes Holzkreuz die
Stelle im Starnberger See, wo König Ludwig tot aufge-
funden wurde.*

Seite 114: Ein Genius erscheint Ludwig II., Gemälde von
Ferdinand Leeke um 1880 (Eigentum der Bayer. Schlösserverwaltung).

Unterleger Seite 29, 53, 61, 80, 83, 91, 105, 113: Blick
auf den Forgensee; Seite 116/117: Oberbayerischer See.

Bildnachweis

Archiv für Kunst und Geschichte 9, 103
B. v. Girard 2/3, 116/117
Mosaik Verlag/Jung 6/7, 58/59
Werner Neumeister 4/5, 14, 19, 22/23, 32/33, 38/39, 41,
48/49, 55, 65, 67, 70/71, 77, 79, 86/87, 93, 107, 114
Chr. Stecher 29, 34, 53, 61, 80, 83, 91, 96/97, 105, 109,
113

Vignetten Ludwig II.: W. Neumeister
Vignetten Sissi: Archiv für Kunst und Geschichte

*Mit freundlicher Genehmigung der Bayerischen Verwaltung der staatlichen Schlösser, Gärten und Seen: S. 14,
19, 41, 55, 65, 67, 77, 79, 93, 107, 114, Vignetten
Ludwig II.*

Die Öffnungszeiten der Schlösser und Museen
erfahren Sie unter folgenden Telefonnummern:
Schloss Nymphenburg: 0 89 / 17 90 80
Schloss Hohenschwangau: 0 83 62 / 8 11 27 und 8 11 28
Münchner Residenz: 0 89 / 29 06 71
Königshaus am Schachen: 0 88 21 / 29 96
Schloss Linderhof: 0 88 22 / 35 12
Schloss Neuschwanstein: 0 83 62 / 8 10 35 oder 8 18 01
Schloss Herrenchiemsee: 0 80 51 / 30 69

© 2000 Mosaik Verlag in der
Verlagsgruppe Bertelsmann GmbH / 5 4 3 2 1

Redaktion: Monika König/Beatrix Heeg
Lektorat: Henriette Zeltner
Bildredaktion: Elisabeth Franz
Art Direction und Layout:
Noëlle Thieux, Magic Design
Umschlaggestaltung: Heinz Kraxenberger
Umschlagbild:
Ludwig II: W. Neumeister/Piloty: König Ludwig II.
von Bayern in Generaluniform;
mit freundlicher Genehmigung der
Bayerischen Schlösserverwaltung, München
Sissi: Bildarchiv Kraxenberger
Satz: Filmsatz Schröter GmbH, München
Reproduktionen: Artilitho, Trento
Druck und Bindung: Clausen & Bosse, Leck
Printed in Germany
ISBN 3-576-11381-9